Lerner SPORTS ROOKIE en español

PASIÓN POR EL FÚTBOL

LAS LIGAS DE FÚTBOL QUE ESTÁN EN LO MÁS ALTO DEL MUNDO

Cara Krenn

ediciones Lerner ◆ Mineápolis

La traducción al español fue realizada por Zab Translation.

ediciones Lerner
Una división de Lerner Publishing Group, Inc.
241 First Avenue North
Mineápolis, MN 55401, EE. UU.

Si desea averiguar acerca de niveles de lectura y para obtener más información, favor consultar este título en www.lernerbooks.com.

Fuente del texto del cuerpo principal: Mikado.
Fuente proporcionada por HVD fonts.

Library of Congress Cataloging-in-Publication Data

Names: Krenn, Cara author
Title: Las ligas de fútbol que están en lo más alto del mundo / Cara Krenn.
Other titles: World's top soccer leagues. Spanish
Description: Minneapolis, MN : Ediciones Lerner, [2026] | Series: Pasión por el fútbol (Lerner sports rookie en español) | Includes bibliographical references and index. | Audience: Ages 5–8 | Audience: Grades K–1 | Summary: "There are so many amazing soccer leagues in the world! Readers learn about the best players, thrilling rivalries, and exhilarating matchups from leagues across the globe. Now in Spanish!"—Provided by publisher.
Identifiers: LCCN 2025020218 (print) | LCCN 2025020219 (ebook) | ISBN 9798765690383 library binding | ISBN 9798348028367 paperback | ISBN 9798765692721 epub
Subjects: LCSH: Soccer—Juvenile literature | Soccer teams—Juvenile literature | Soccer players—Juvenile literature | Sports rivalries—Juvenile literature
Classification: LCC GV943.25 .K74318 2026 (print) | LCC GV943.25 (ebook) | DDC 796.334—dc23/eng/20250709

LC record available at https://lccn.loc.gov/2025020218
LC ebook record available at https://lccn.loc.gov/2025020219

Fabricado en los Estados Unidos de América
1-1012788-54909-5/27/2025

Contenido

Arriba las ligas

Los aficionados corean "¡Olé!, ¡Olé!, ¡Olé!" El estadio se llena de cánticos. ¡Es un gran partido de fútbol!

El fútbol es muy popular. Hay muchas ligas profesionales. Los jugadores de todo el mundo conforman diferentes equipos.

Lionel Messi

La NWSL es la principal liga de fútbol femenino de Estados Unidos. Algunos de sus equipos son Seattle Reign, San Diego Wave y Gotham FC.

EL FÚTBOL POR DENTRO

La ciudad de Kansas construyó el primer estadio deportivo profesional femenino.

La MLS es la principal liga de fútbol masculino de Estados Unidos. Allí jugaron Lionel Messi y David Beckham.

La MLS tiene 29 equipos. LA Galaxy es uno de los mejores.

David Beckham

La Premier League es la mejor liga masculina de Inglaterra. Para esta liga jugaron Thierry Henry y Cristiano Ronaldo.

Algunos equipos de la Premier League son Manchester City, Liverpool y Chelsea.

EL FÚTBOL POR DENTRO

Los aficionados usan vestimenta especial para mostrar el espíritu del equipo.

La WSL es la principal liga de fútbol femenino de Inglaterra. Allí juegan deportistas de muchos países. Algunos equipos son Chelsea, Arsenal y West Ham.

Sam Kerr de Chelsea

La Liga es el nombre de la principal liga masculina de España. Sus mejores equipos son Real Madrid y Barcelona.

EL FÚTBOL POR DENTRO

El torneo en el que juegan los mejores equipos de Europa se llama la Liga de Campeones o Champions League. El Real Madrid es el equipo que más veces ha ganado.

La Première Ligue es la principal liga de fútbol femenino de Francia. Entre sus mejores equipos están Lyon y Paris Saint-Germain. Wendie Renard y Lindsey Horan juegan para Lyon.

Wendie Renard

Brasileirão es la principal liga de Sudamérica. Algunos de sus equipos son Palmeiras, São Paulo y Corinthians. ¡Palmeiras fue campeón de la liga en 2023, y con ese sumó 12 triunfos!

EL FÚTBOL POR DENTRO

El estadio Maracanã de Brasil es uno de los mejores estadios de fútbol. La estrella del fútbol Pelé jugó allí.

El fútbol está creciendo en todo el mundo. ¿Por qué equipo alentarías?

Glosario

corear: (dicho de varias personas) cantar o decir algo una y otra vez

liga: un grupo de equipos que juegan unos contra otros

partido: un juego de fútbol

Màs información

DK. *Everything You Need to Know About Soccer!* Nueva York: DK Penguin Random House, 2024.

Gish, Ashley. *National Women's Soccer League*. Minnetonka, MN: Bellwether Media, 2025.

Krenn, Cara. *Los momentos más increíbles del fútbol*. Mineápolis: ediciones Lerner, 2026.

Índice

Créditos por las fotografías

Ezra Shaw/Getty Images, p. 5; Michael Regan/FIFA a través de Getty Images, p. 7; Jamie Squire/Getty Images, p. 9; Dean Treml/AFP a través de Getty Images, p. 11; Alex Livesey/Getty Images, p. 13; Alex Broadway/Getty Images, p. 15; Paul Ellis/AFP a través de Getty Images, p. 17; Martin Rose/Getty Images, p. 19; Pedro Vilela/Getty Images, p. 21; Christof Koepsel/Bongarts/Getty Images, p. 23.
Imagen de la portada: Robin Parker/Sportimage a través de AP
Elementos de diseño: vid64/Getty Images; boytaro Thongbun/500px/Getty Images.